Hockey Training Log and Diary

This Book Belongs To:

Visit http://elegantnotebooks.com for more
sports training books.

Training Log and Diary
Nutrition Log and Diary
Strength and Conditioning Log and Diary

©Elegant Notebooks

DATE: _____ **WEEK:** _____ **HOURS TRAINED:** _____

COACH: _____ **TIME:** _____

GOALS

WARM UP/ DRILLS

TECHNIQUE 1

TECHNIQUE 2

NOTES

DATE: _____ **WEEK:** _____ **HOURS TRAINED:** _____

COACH: _____ **TIME:** _____

GOALS

WARM UP/ DRILLS

TECHNIQUE 1

TECHNIQUE 2

NOTES

DATE: _____ **WEEK:** _____ **HOURS TRAINED:** _____

COACH: _____ **TIME:** _____

GOALS

WARM UP/ DRILLS

TECHNIQUE 1

TECHNIQUE 2

NOTES

DATE: _____ **WEEK:** _____ **HOURS TRAINED:** _____

COACH: _____ **TIME:** _____

GOALS

WARM UP/ DRILLS

TECHNIQUE 1

TECHNIQUE 2

NOTES

DATE: _____ **WEEK:** _____ **HOURS TRAINED:** _____

COACH: _____ **TIME:** _____

GOALS

WARM UP/ DRILLS

TECHNIQUE 1

TECHNIQUE 2

NOTES

DATE: _____ **WEEK:** _____ **HOURS TRAINED:** _____

COACH: _____ **TIME:** _____

GOALS

WARM UP/ DRILLS

TECHNIQUE 1

TECHNIQUE 2

NOTES

DATE: _____ **WEEK:** _____ **HOURS TRAINED:** _____

COACH: _____ **TIME:** _____

GOALS

WARM UP/ DRILLS

TECHNIQUE 1

TECHNIQUE 2

NOTES

DATE: _____ **WEEK:** _____ **HOURS TRAINED:** _____

COACH: _____ **TIME:** _____

GOALS

WARM UP/ DRILLS

TECHNIQUE 1

TECHNIQUE 2

NOTES

DATE: _____ **WEEK:** _____ **HOURS TRAINED:** _____

COACH: _____ **TIME:** _____

GOALS

WARM UP/ DRILLS

TECHNIQUE 1

TECHNIQUE 2

NOTES

DATE: _____ **WEEK:** _____ **HOURS TRAINED:** _____

COACH: _____ **TIME:** _____

GOALS

WARM UP/ DRILLS

TECHNIQUE 1

TECHNIQUE 2

NOTES

DATE: _____ **WEEK:** _____ **HOURS TRAINED:** _____

COACH: _____ **TIME:** _____

GOALS

WARM UP/ DRILLS

TECHNIQUE 1

TECHNIQUE 2

NOTES

DATE: _____ **WEEK:** _____ **HOURS TRAINED:** _____

COACH: _____ **TIME:** _____

GOALS

WARM UP/ DRILLS

TECHNIQUE 1

TECHNIQUE 2

NOTES

DATE: _____ **WEEK:** _____ **HOURS TRAINED:** _____

COACH: _____ **TIME:** _____

GOALS

WARM UP/ DRILLS

TECHNIQUE 1

TECHNIQUE 2

NOTES

DATE: _____ **WEEK:** _____ **HOURS TRAINED:** _____

COACH: _____ **TIME:** _____

GOALS

WARM UP/ DRILLS

TECHNIQUE 1

TECHNIQUE 2

NOTES

DATE: _____ **WEEK:** _____ **HOURS TRAINED:** _____

COACH: _____ **TIME:** _____

GOALS

WARM UP/ DRILLS

TECHNIQUE 1

TECHNIQUE 2

NOTES

DATE: _____ **WEEK:** _____ **HOURS TRAINED:** _____

COACH: _____ **TIME:** _____

GOALS

WARM UP/ DRILLS

TECHNIQUE 1

TECHNIQUE 2

NOTES

DATE: _____ **WEEK:** _____ **HOURS TRAINED:** _____

COACH: _____ **TIME:** _____

GOALS

WARM UP/ DRILLS

TECHNIQUE 1

TECHNIQUE 2

NOTES

DATE: _____ **WEEK:** _____ **HOURS TRAINED:** _____

COACH: _____ **TIME:** _____

GOALS

WARM UP/ DRILLS

TECHNIQUE 1

TECHNIQUE 2

NOTES

DATE: _____ **WEEK:** _____ **HOURS TRAINED:** _____

COACH: _____ **TIME:** _____

GOALS

WARM UP/ DRILLS

TECHNIQUE 1

TECHNIQUE 2

NOTES

DATE: _____ **WEEK:** _____ **HOURS TRAINED:** _____

COACH: _____ **TIME:** _____

GOALS

WARM UP/ DRILLS

TECHNIQUE 1

TECHNIQUE 2

NOTES

DATE: _____ **WEEK:** _____ **HOURS TRAINED:** _____

COACH: _____ **TIME:** _____

GOALS

WARM UP/ DRILLS

TECHNIQUE 1

TECHNIQUE 2

NOTES

DATE: _____ **WEEK:** _____ **HOURS TRAINED:** _____

COACH: _____ **TIME:** _____

GOALS

WARM UP/ DRILLS

TECHNIQUE 1

TECHNIQUE 2

NOTES

DATE: _____ **WEEK:** _____ **HOURS TRAINED:** _____

COACH: _____ **TIME:** _____

GOALS

WARM UP/ DRILLS

TECHNIQUE 1

TECHNIQUE 2

NOTES

DATE: _____ **WEEK:** _____ **HOURS TRAINED:** _____

COACH: _____ **TIME:** _____

GOALS

WARM UP/ DRILLS

TECHNIQUE 1

TECHNIQUE 2

NOTES

DATE: _____ **WEEK:** _____ **HOURS TRAINED:** _____

COACH: _____ **TIME:** _____

GOALS

WARM UP/ DRILLS

TECHNIQUE 1

TECHNIQUE 2

NOTES

DATE: _____ **WEEK:** _____ **HOURS TRAINED:** _____

COACH: _____ **TIME:** _____

GOALS

WARM UP/ DRILLS

TECHNIQUE 1

TECHNIQUE 2

NOTES

DATE: _____ **WEEK:** _____ **HOURS TRAINED:** _____

COACH: _____ **TIME:** _____

GOALS

WARM UP/ DRILLS

TECHNIQUE 1

TECHNIQUE 2

NOTES

DATE: _____ **WEEK:** _____ **HOURS TRAINED:** _____

COACH: _____ **TIME:** _____

GOALS

WARM UP/ DRILLS

TECHNIQUE 1

TECHNIQUE 2

NOTES

DATE: _____ **WEEK:** _____ **HOURS TRAINED:** _____

COACH: _____ **TIME:** _____

GOALS

WARM UP/ DRILLS

TECHNIQUE 1

TECHNIQUE 2

NOTES

DATE: _____ **WEEK:** _____ **HOURS TRAINED:** _____

COACH: _____ **TIME:** _____

GOALS

WARM UP/ DRILLS

TECHNIQUE 1

TECHNIQUE 2

NOTES

DATE: _____ **WEEK:** _____ **HOURS TRAINED:** _____

COACH: _____ **TIME:** _____

GOALS

WARM UP/ DRILLS

TECHNIQUE 1

TECHNIQUE 2

NOTES

DATE: _____ **WEEK:** _____ **HOURS TRAINED:** _____

COACH: _____ **TIME:** _____

GOALS

WARM UP/ DRILLS

TECHNIQUE 1

TECHNIQUE 2

NOTES

DATE: _____ **WEEK:** _____ **HOURS TRAINED:** _____

COACH: _____ **TIME:** _____

GOALS

WARM UP/ DRILLS

TECHNIQUE 1

TECHNIQUE 2

NOTES

DATE: _____ **WEEK:** _____ **HOURS TRAINED:** _____

COACH: _____ **TIME:** _____

GOALS

WARM UP/ DRILLS

TECHNIQUE 1

TECHNIQUE 2

NOTES

DATE: _____ **WEEK:** _____ **HOURS TRAINED:** _____

COACH: _____ **TIME:** _____

GOALS

WARM UP/ DRILLS

TECHNIQUE 1

TECHNIQUE 2

NOTES

DATE: _____ **WEEK:** _____ **HOURS TRAINED:** _____

COACH: _____ **TIME:** _____

GOALS

WARM UP/ DRILLS

TECHNIQUE 1

TECHNIQUE 2

NOTES

DATE: _____ **WEEK:** _____ **HOURS TRAINED:** _____

COACH: _____ **TIME:** _____

GOALS

WARM UP/ DRILLS

TECHNIQUE 1

TECHNIQUE 2

NOTES

DATE: _____ **WEEK:** _____ **HOURS TRAINED:** _____

COACH: _____ **TIME:** _____

GOALS

WARM UP/ DRILLS

TECHNIQUE 1

TECHNIQUE 2

NOTES

DATE: _____ **WEEK:** _____ **HOURS TRAINED:** _____

COACH: _____ **TIME:** _____

GOALS

WARM UP/ DRILLS

TECHNIQUE 1

TECHNIQUE 2

NOTES

DATE: _____ **WEEK:** _____ **HOURS TRAINED:** _____

COACH: _____ **TIME:** _____

GOALS

WARM UP/ DRILLS

TECHNIQUE 1

TECHNIQUE 2

NOTES

DATE: _____ **WEEK:** _____ **HOURS TRAINED:** _____

COACH: _____ **TIME:** _____

GOALS

WARM UP/ DRILLS

TECHNIQUE 1

TECHNIQUE 2

NOTES

DATE: _____ **WEEK:** _____ **HOURS TRAINED:** _____

COACH: _____ **TIME:** _____

GOALS

WARM UP/ DRILLS

TECHNIQUE 1

TECHNIQUE 2

NOTES

DATE: _____ **WEEK:** _____ **HOURS TRAINED:** _____

COACH: _____ **TIME:** _____

GOALS

WARM UP/ DRILLS

TECHNIQUE 1

TECHNIQUE 2

NOTES

DATE: _____ **WEEK:** _____ **HOURS TRAINED:** _____

COACH: _____ **TIME:** _____

GOALS

WARM UP/ DRILLS

TECHNIQUE 1

TECHNIQUE 2

NOTES

DATE: _____ **WEEK:** _____ **HOURS TRAINED:** _____

COACH: _____ **TIME:** _____

GOALS

WARM UP/ DRILLS

TECHNIQUE 1

TECHNIQUE 2

NOTES

DATE: _____ **WEEK:** _____ **HOURS TRAINED:** _____

COACH: _____ **TIME:** _____

GOALS

WARM UP/ DRILLS

TECHNIQUE 1

TECHNIQUE 2

NOTES

DATE: _____ **WEEK:** _____ **HOURS TRAINED:** _____

COACH: _____ **TIME:** _____

GOALS

WARM UP/ DRILLS

TECHNIQUE 1

TECHNIQUE 2

NOTES

DATE: _____ **WEEK:** _____ **HOURS TRAINED:** _____

COACH: _____ **TIME:** _____

GOALS

WARM UP/ DRILLS

TECHNIQUE 1

TECHNIQUE 2

NOTES

DATE: _____ **WEEK:** _____ **HOURS TRAINED:** _____

COACH: _____ **TIME:** _____

GOALS

WARM UP/ DRILLS

TECHNIQUE 1

TECHNIQUE 2

NOTES

DATE: _____ **WEEK:** _____ **HOURS TRAINED:** _____

COACH: _____ **TIME:** _____

GOALS

WARM UP/ DRILLS

TECHNIQUE 1

TECHNIQUE 2

NOTES

DATE: _____ **WEEK:** _____ **HOURS TRAINED:** _____

COACH: _____ **TIME:** _____

GOALS

WARM UP/ DRILLS

TECHNIQUE 1

TECHNIQUE 2

NOTES

DATE: _____ **WEEK:** _____ **HOURS TRAINED:** _____

COACH: _____ **TIME:** _____

GOALS

WARM UP/ DRILLS

TECHNIQUE 1

TECHNIQUE 2

NOTES

DATE: _____ **WEEK:** _____ **HOURS TRAINED:** _____

COACH: _____ **TIME:** _____

GOALS

WARM UP/ DRILLS

TECHNIQUE 1

TECHNIQUE 2

NOTES

DATE: _____ **WEEK:** _____ **HOURS TRAINED:** _____

COACH: _____ **TIME:** _____

GOALS

WARM UP/ DRILLS

TECHNIQUE 1

TECHNIQUE 2

NOTES

DATE: _____ **WEEK:** _____ **HOURS TRAINED:** _____

COACH: _____ **TIME:** _____

GOALS

WARM UP/ DRILLS

TECHNIQUE 1

TECHNIQUE 2

NOTES

DATE: _____ **WEEK:** _____ **HOURS TRAINED:** _____

COACH: _____ **TIME:** _____

GOALS

WARM UP/ DRILLS

TECHNIQUE 1

TECHNIQUE 2

NOTES

DATE: _____ **WEEK:** _____ **HOURS TRAINED:** _____

COACH: _____ **TIME:** _____

GOALS

WARM UP/ DRILLS

TECHNIQUE 1

TECHNIQUE 2

NOTES

DATE: _____ **WEEK:** _____ **HOURS TRAINED:** _____

COACH: _____ **TIME:** _____

GOALS

WARM UP/ DRILLS

TECHNIQUE 1

TECHNIQUE 2

NOTES

DATE: _____ **WEEK:** _____ **HOURS TRAINED:** _____

COACH: _____ **TIME:** _____

GOALS

WARM UP/ DRILLS

TECHNIQUE 1

TECHNIQUE 2

NOTES

DATE: _____ **WEEK:** _____ **HOURS TRAINED:** _____

COACH: _____ **TIME:** _____

GOALS

WARM UP/ DRILLS

TECHNIQUE 1

TECHNIQUE 2

NOTES

DATE: _____ **WEEK:** _____ **HOURS TRAINED:** _____

COACH: _____ **TIME:** _____

GOALS

WARM UP/ DRILLS

TECHNIQUE 1

TECHNIQUE 2

NOTES

DATE: _____ **WEEK:** _____ **HOURS TRAINED:** _____

COACH: _____ **TIME:** _____

GOALS

WARM UP/ DRILLS

TECHNIQUE 1

TECHNIQUE 2

NOTES

DATE: _____ **WEEK:** _____ **HOURS TRAINED:** _____

COACH: _____ **TIME:** _____

GOALS

WARM UP/ DRILLS

TECHNIQUE 1

TECHNIQUE 2

NOTES

DATE: _____ **WEEK:** _____ **HOURS TRAINED:** _____

COACH: _____ **TIME:** _____

GOALS

WARM UP/ DRILLS

TECHNIQUE 1

TECHNIQUE 2

NOTES

DATE: _____ **WEEK:** _____ **HOURS TRAINED:** _____

COACH: _____ **TIME:** _____

GOALS

WARM UP/ DRILLS

TECHNIQUE 1

TECHNIQUE 2

NOTES

DATE: _____ **WEEK:** _____ **HOURS TRAINED:** _____

COACH: _____ **TIME:** _____

GOALS

WARM UP/ DRILLS

TECHNIQUE 1

TECHNIQUE 2

NOTES

DATE: _____ **WEEK:** _____ **HOURS TRAINED:** _____

COACH: _____ **TIME:** _____

GOALS

WARM UP/ DRILLS

TECHNIQUE 1

TECHNIQUE 2

NOTES

DATE: _____ **WEEK:** _____ **HOURS TRAINED:** _____

COACH: _____ **TIME:** _____

GOALS

WARM UP/ DRILLS

TECHNIQUE 1

TECHNIQUE 2

NOTES

DATE: _____ **WEEK:** _____ **HOURS TRAINED:** _____

COACH: _____ **TIME:** _____

GOALS

WARM UP/ DRILLS

TECHNIQUE 1

TECHNIQUE 2

NOTES

DATE: _____ **WEEK:** _____ **HOURS TRAINED:** _____

COACH: _____ **TIME:** _____

GOALS

WARM UP/ DRILLS

TECHNIQUE 1

TECHNIQUE 2

NOTES

DATE: _____ **WEEK:** _____ **HOURS TRAINED:** _____

COACH: _____ **TIME:** _____

GOALS

WARM UP/ DRILLS

TECHNIQUE 1

TECHNIQUE 2

NOTES

DATE: _____ **WEEK:** _____ **HOURS TRAINED:** _____

COACH: _____ **TIME:** _____

GOALS

WARM UP/ DRILLS

TECHNIQUE 1

TECHNIQUE 2

NOTES

DATE: _____ **WEEK:** _____ **HOURS TRAINED:** _____

COACH: _____ **TIME:** _____

GOALS

WARM UP/ DRILLS

TECHNIQUE 1

TECHNIQUE 2

NOTES

DATE: _____ **WEEK:** _____ **HOURS TRAINED:** _____

COACH: _____ **TIME:** _____

GOALS

WARM UP/ DRILLS

TECHNIQUE 1

TECHNIQUE 2

NOTES

DATE: _____ **WEEK:** _____ **HOURS TRAINED:** _____

COACH: _____ **TIME:** _____

GOALS

WARM UP/ DRILLS

TECHNIQUE 1

TECHNIQUE 2

NOTES

DATE: _____ **WEEK:** _____ **HOURS TRAINED:** _____

COACH: _____ **TIME:** _____

GOALS

WARM UP/ DRILLS

TECHNIQUE 1

TECHNIQUE 2

NOTES

DATE: _____ **WEEK:** _____ **HOURS TRAINED:** _____

COACH: _____ **TIME:** _____

GOALS

WARM UP/ DRILLS

TECHNIQUE 1

TECHNIQUE 2

NOTES

DATE: _____ **WEEK:** _____ **HOURS TRAINED:** _____

COACH: _____ **TIME:** _____

GOALS

WARM UP/ DRILLS

TECHNIQUE 1

TECHNIQUE 2

NOTES

DATE: _____ **WEEK:** _____ **HOURS TRAINED:** _____

COACH: _____ **TIME:** _____

GOALS

WARM UP/ DRILLS

TECHNIQUE 1

TECHNIQUE 2

NOTES

DATE: _____ **WEEK:** _____ **HOURS TRAINED:** _____

COACH: _____ **TIME:** _____

GOALS

WARM UP/ DRILLS

TECHNIQUE 1

TECHNIQUE 2

NOTES

DATE: _____ **WEEK:** _____ **HOURS TRAINED:** _____

COACH: _____ **TIME:** _____

GOALS

WARM UP/ DRILLS

TECHNIQUE 1

TECHNIQUE 2

NOTES

DATE: _____ **WEEK:** _____ **HOURS TRAINED:** _____

COACH: _____ **TIME:** _____

GOALS

WARM UP/ DRILLS

TECHNIQUE 1

TECHNIQUE 2

NOTES

DATE: _____ **WEEK:** _____ **HOURS TRAINED:** _____

COACH: _____ **TIME:** _____

GOALS

WARM UP/ DRILLS

TECHNIQUE 1

TECHNIQUE 2

NOTES

DATE: _____ **WEEK:** _____ **HOURS TRAINED:** _____

COACH: _____ **TIME:** _____

GOALS

WARM UP/ DRILLS

TECHNIQUE 1

TECHNIQUE 2

NOTES

DATE: _____ **WEEK:** _____ **HOURS TRAINED:** _____

COACH: _____ **TIME:** _____

GOALS

WARM UP/ DRILLS

TECHNIQUE 1

TECHNIQUE 2

NOTES

DATE: _____ **WEEK:** _____ **HOURS TRAINED:** _____

COACH: _____ **TIME:** _____

GOALS

WARM UP/ DRILLS

TECHNIQUE 1

TECHNIQUE 2

NOTES

DATE: _____ **WEEK:** _____ **HOURS TRAINED:** _____

COACH: _____ **TIME:** _____

GOALS

WARM UP/ DRILLS

TECHNIQUE 1

TECHNIQUE 2

NOTES

DATE: _____ **WEEK:** _____ **HOURS TRAINED:** _____

COACH: _____ **TIME:** _____

GOALS

WARM UP/ DRILLS

TECHNIQUE 1

TECHNIQUE 2

NOTES

DATE: _____ **WEEK:** _____ **HOURS TRAINED:** _____

COACH: _____ **TIME:** _____

GOALS

WARM UP/ DRILLS

TECHNIQUE 1

TECHNIQUE 2

NOTES

DATE: _____ **WEEK:** _____ **HOURS TRAINED:** _____

COACH: _____ **TIME:** _____

GOALS

WARM UP/ DRILLS

TECHNIQUE 1

TECHNIQUE 2

NOTES

DATE: _____ **WEEK:** _____ **HOURS TRAINED:** _____

COACH: _____ **TIME:** _____

GOALS

WARM UP/ DRILLS

TECHNIQUE 1

TECHNIQUE 2

NOTES

DATE: _____ **WEEK:** _____ **HOURS TRAINED:** _____

COACH: _____ **TIME:** _____

GOALS

WARM UP/ DRILLS

TECHNIQUE 1

TECHNIQUE 2

NOTES

DATE: _____ **WEEK:** _____ **HOURS TRAINED:** _____

COACH: _____ **TIME:** _____

GOALS

WARM UP/ DRILLS

TECHNIQUE 1

TECHNIQUE 2

NOTES

DATE: _____ **WEEK:** _____ **HOURS TRAINED:** _____

COACH: _____ **TIME:** _____

GOALS

WARM UP/ DRILLS

TECHNIQUE 1

TECHNIQUE 2

NOTES

DATE: _____ **WEEK:** _____ **HOURS TRAINED:** _____

COACH: _____ **TIME:** _____

GOALS

WARM UP/ DRILLS

TECHNIQUE 1

TECHNIQUE 2

NOTES

DATE: _____ **WEEK:** _____ **HOURS TRAINED:** _____

COACH: _____ **TIME:** _____

GOALS

WARM UP/ DRILLS

TECHNIQUE 1

TECHNIQUE 2

NOTES

DATE: _____ **WEEK:** _____ **HOURS TRAINED:** _____

COACH: _____ **TIME:** _____

GOALS

WARM UP/ DRILLS

TECHNIQUE 1

TECHNIQUE 2

NOTES

DATE: _____ **WEEK:** _____ **HOURS TRAINED:** _____

COACH: _____ **TIME:** _____

GOALS

WARM UP/ DRILLS

TECHNIQUE 1

TECHNIQUE 2

NOTES

DATE: _____ **WEEK:** _____ **HOURS TRAINED:** _____

COACH: _____ **TIME:** _____

GOALS

WARM UP/ DRILLS

TECHNIQUE 1

TECHNIQUE 2

NOTES

DATE: _____ **WEEK:** _____ **HOURS TRAINED:** _____

COACH: _____ **TIME:** _____

GOALS

WARM UP/ DRILLS

TECHNIQUE 1

TECHNIQUE 2

NOTES

DATE: _____ **WEEK:** _____ **HOURS TRAINED:** _____

COACH: _____ **TIME:** _____

GOALS

WARM UP/ DRILLS

TECHNIQUE 1

TECHNIQUE 2

NOTES

DATE: _____ **WEEK:** _____ **HOURS TRAINED:** _____

COACH: _____ **TIME:** _____

GOALS

WARM UP/ DRILLS

TECHNIQUE 1

TECHNIQUE 2

NOTES

DATE: _____ **WEEK:** _____ **HOURS TRAINED:** _____

COACH: _____ **TIME:** _____

GOALS

WARM UP/ DRILLS

TECHNIQUE 1

TECHNIQUE 2

NOTES

DATE: _____ **WEEK:** _____ **HOURS TRAINED:** _____

COACH: _____ **TIME:** _____

GOALS

WARM UP/ DRILLS

TECHNIQUE 1

TECHNIQUE 2

NOTES

DATE: _____ **WEEK:** _____ **HOURS TRAINED:** _____

COACH: _____ **TIME:** _____

GOALS

WARM UP/ DRILLS

TECHNIQUE 1

TECHNIQUE 2

NOTES

DATE: _____ **WEEK:** _____ **HOURS TRAINED:** _____

COACH: _____ **TIME:** _____

GOALS

WARM UP/ DRILLS

TECHNIQUE 1

TECHNIQUE 2

NOTES

DATE: _____ **WEEK:** _____ **HOURS TRAINED:** _____

COACH: _____ **TIME:** _____

GOALS

WARM UP/ DRILLS

TECHNIQUE 1

TECHNIQUE 2

NOTES

DATE: _____ **WEEK:** _____ **HOURS TRAINED:** _____

COACH: _____ **TIME:** _____

GOALS

WARM UP/ DRILLS

TECHNIQUE 1

TECHNIQUE 2

NOTES

DATE: _____ **WEEK:** _____ **HOURS TRAINED:** _____

COACH: _____ **TIME:** _____

GOALS

WARM UP/ DRILLS

TECHNIQUE 1

TECHNIQUE 2

NOTES

DATE: _____ **WEEK:** _____ **HOURS TRAINED:** _____

COACH: _____ **TIME:** _____

GOALS

WARM UP/ DRILLS

TECHNIQUE 1

TECHNIQUE 2

NOTES

DATE: _____ **WEEK:** _____ **HOURS TRAINED:** _____

COACH: _____ **TIME:** _____

GOALS

WARM UP/ DRILLS

TECHNIQUE 1

TECHNIQUE 2

NOTES

DATE: _____ **WEEK:** _____ **HOURS TRAINED:** _____

COACH: _____ **TIME:** _____

GOALS

WARM UP/ DRILLS

TECHNIQUE 1

TECHNIQUE 2

NOTES

DATE: _____ **WEEK:** _____ **HOURS TRAINED:** _____

COACH: _____ **TIME:** _____

GOALS

WARM UP/ DRILLS

TECHNIQUE 1

TECHNIQUE 2

NOTES

DATE: _____ **WEEK:** _____ **HOURS TRAINED:** _____

COACH: _____ **TIME:** _____

GOALS

WARM UP/ DRILLS

TECHNIQUE 1

TECHNIQUE 2

NOTES

DATE: _____ **WEEK:** _____ **HOURS TRAINED:** _____

COACH: _____ **TIME:** _____

GOALS

WARM UP/ DRILLS

TECHNIQUE 1

TECHNIQUE 2

NOTES

DATE: _____ **WEEK:** _____ **HOURS TRAINED:** _____

COACH: _____ **TIME:** _____

GOALS

WARM UP/ DRILLS

TECHNIQUE 1

TECHNIQUE 2

NOTES

DATE: _____ **WEEK:** _____ **HOURS TRAINED:** _____

COACH: _____ **TIME:** _____

GOALS

WARM UP/ DRILLS

TECHNIQUE 1

TECHNIQUE 2

NOTES

DATE: _____ **WEEK:** _____ **HOURS TRAINED:** _____

COACH: _____ **TIME:** _____

GOALS

WARM UP/ DRILLS

TECHNIQUE 1

TECHNIQUE 2

NOTES

DATE: _____ **WEEK:** _____ **HOURS TRAINED:** _____

COACH: _____ **TIME:** _____

GOALS

WARM UP/ DRILLS

TECHNIQUE 1

TECHNIQUE 2

NOTES

Made in United States
Troutdale, OR
12/13/2023

15807977R00070